おとぎ話のクロスステッチ
from Paris

270点のモチーフで楽しむ
ノスタルジー

Remerciements

L'éditeur tient à remercier DMC qui a fourni les toiles de lin utilisées pour les broderies.

www.dmc.fr
www.boutique-dmc.fr

Pour connaître le nom des distributeurs DMC dans votre région, écrivez à :
DMC CREATIVE WORLD - Service Commercial
5, avenue de Suisse
Zone industrielle de Mulhouse
BP 189
68314 Illzach cedex
ou téléphonez au 0800 250 305

Sylvie Blondeau remercie chaleureusement Séverine de Mercerie Chérie pour ses merveilleux tissus et ses adorables articles de mercerie utilisés pour la fabrication des objets de ce livre.
www.merceriecherie.fr

Fables, contes et comptines à broder au point de croix
by Véronique Enginger

Direction éditoriale : Tatiana Delesalle
Édition : Mélanie Jean
Direction artistique : Chloé Eve
Mise en page : Élise Bonhomme (Patrick Leleux PAO)
Photographies : Amalthéa
Conception, réalisation et explications des ouvrages: Sylvie Blondeau
Fabrication : Axelle Hosten
Merci à Mélissa Lagrange pour son aide précieuse et efficace.

First published in France in 2016 by Éditions Mango
© Éditions Mango
15-27 rue Moussorgski
75895 Paris, cedex 18, France

This Japanese edition was published in Japan in 2017
by Graphic-sha Publishing Co., Ltd.
1-14-17 Kudankita, Chiyoda-ku, Tokyo 102-0073, Japan
Tel: +81 (0)3-3263-4318

Japanese text and instruction page 120-127
© 2017 Graphic-sha Publishing Co., Ltd.

All rights reserved. No part of this publication may be reproduced, stored in a retrieval system, or transmitted in any form or by any means, electronic, mechanical, photocopying, or otherwise, without the prior permission of the publisher.

ISBN 978-4-7661-3025-6 C2077

Printed and bound in Japan

Japanese Edition Creative Staff

Translation & writing : Rica Shibata
Instruction pages & proofreading : Yumiko Yasuda
Layout : Shinichi Ishioka
Jacket design : Chiaki Kitaya, Kuma Imamura, CRK design
Editor : Kumiko Sakamoto

おとぎ話のクロスステッチ
from Paris

270点のモチーフで楽しむ
ノスタルジー

グラフィック社

Il était une fois...

むかしむかし、あるところに……

ずるいキツネ、意地悪なオオカミ、おっかない巨人、悪い魔法使い、やさしいお姫さまと王子さま……。寓話やおとぎ話の世界に戻って、もう一度夢を見ましょう。

誰もが子どものころに触れて、うっとりしたり憧れたり、ワクワクした経験があるはず。ドキドキ＆ハラハラしたこともあったでしょう。ひとつ確かなのは、そうしたお話がわたしたちの心を育んでくれたということ。魅力的でときに風変わりな登場人物たちと、その大冒険の数々は、大人になるための最初の一歩を踏み出す大きなカギとなったはずです。

ページをめくりモチーフを眺めるにつれ、幼いころに大好きだったメルヘンの世界がよみがえってくることでしょう。その思い出に浸りながら、さあ、今度はステッチであなたが物語を紡いでいく番です！

ヴェロニク・アンジャンジェ

Sommaire もくじ

Présentation はじめに	4
Les fables ラ・フォンテーヌの『寓話』から	9
牛になろうとしたカエルのお話	12
セミとアリ	14
キツネとコウノトリ	16
カラスとキツネ	18
乳搾りの女の子と小さな牛乳壺	20
オオカミと子羊	22
小魚と漁師	24
都会のねずみと田舎のねずみ	26
ウサギとカメ	28
お気に入りの主人公たち	31
三角ポケットのタペストリー	33
Les contes おとぎ話	37
むかしむかし……	40
夢見るファンタジー	43
美女と野獣	46
白雪姫と7人のこびと	48
3びきのくま	50
お姫さまに憧れて	53
赤ずきんちゃん	56
長靴を履いた猫	58
3びきのこぶた	60
ヘンゼルとグレーテル	62
ジャックと豆の木	64
ロバと王女	66
ピーターと狼	68
ピノッキオ	70
親ゆび姫	72
親ゆび小僧	74
えんどう豆の上に寝たお姫さま	76
人魚姫	78
くるみ割り人形	80
ふしぎの国のアリス	82
Les complines フランスのわらべ歌	85
小さなお船	88
森へお散歩に行きましょう	90
輪踊りを踊ろう（キャプシーヌ）	92
キャベツの植え方知っているかい？	94
ねんねしな、ぼくのかわいい弟	96
かわいいひなげし	98
澄んだ泉のほとりで	100
大好きなガレット	102
粉屋さんおねんね	104
雨降り、雨降り、羊飼いのお嬢さん	106
月の光に	108
2つのりんご	110
塀の上のめんどり	112
森へ行きましょう	114
緑色のねずみ	118
Réalisations 作品の作り方	120

LES FABLES

ラ・フォンテーヌの『寓話』から

17世紀のフランスの詩人、ジャン・ド・ラ・フォンテーヌ (Jean de la Fontaine) は、古代ギリシャのイソップ寓話などを基に、詩の形式で多くの物語を紡ぎました。これは寓話詩と呼ばれるもの。主役の動物や昆虫たちを擬人化し、生きるうえで大切な人生の教訓が込められています。シャガールやギュスターヴ・ドレ、レオナルド藤田など、たくさんの画家もこの寓話に魅了され、モチーフとして用いた絵を描きました。
フランスの子どもたちは学校で、ラ・フォンテーヌの寓話詩を暗唱し、その教えを幼心に刻むのです。

La grenouille qui voulait se faire aussi grosse que le boeuf

牛になろうとしたカエルのお話

大きな牛に憧れた、やせぽっちの小さなカエル。牛のように大きく立派になりたいと、うーんとお腹をふくらませてみました。でも、まだまだ牛にはほど遠い。今度はもっと、うーんとうーんとふくらませてみましたが、ダメダメこんなものじゃない。うーんとうーんとうーんとを繰り返しても、ちっぽけなカエルの大きな夢はかなうことはありませんでした。

La Cigale et la Fourmi
セミとアリ

夏の間ずっと歌い続けていたセミは、北風が吹くころになってはたと気がつきました。冬を越すだけの食べ物がなにもないことに。そこで、食料をわけてもらうべく、アリにお願いにいきました。「あなたはいったい、夏の間なにをしていたというのです？」と、アリがたずねました。「皆さんのために、ずっと歌を歌っていたのです」と、セミは答えました。「ならば、冬の間はずっと踊っていたらいいではないですか」。

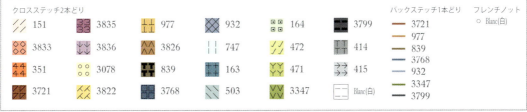

Le Renard et la Cigogne
キツネとコウノトリ

ある日、キツネがコウノトリを食事に招待しました。ところが、でてきたスープは皿に入っていて、コウノトリの長いくちばしでは上手に食べることができません。キツネは、はなからコウノトリをからかうつもりだったのです。それから数日後、今度はコウノトリがお礼にと、キツネを家に招待しました。おいしそうな肉の香りに、舌なめずりをしたキツネでしたが、ご馳走は長い壺に入っていたので食べられず、キツネはお腹をぺこぺこに空かせたまま帰るはめになったのです。

Le Corbeau et le Renard
カラスとキツネ

木の枝に留まる1羽のカラス。そのくちばしにはチーズを一切れくわえていました。匂いにつられてやってきたキツネが、木の下からカラスにこう言いました。「お世辞じゃなしに、カラスさん、なんて優美なお方なんでしょう。その羽のように歌声も美しいのなら、あなたはまさに森の王ですな」。これを聞いて、歌をひとつ披露しようとしたカラスがくちばしをあけたとたん、チーズを落としてしまいました。キツネはチーズをくわえると、「おべっかを使うものは、使う相手のおかげで生きているんですよ」と言って、去っていきました。

Perrette et le petit pot de lait
乳搾りの女の子と小さな牛乳壺

女の子は搾りたてのミルクを入れた壺を持ち上げ、頭の上にひょいとのせました。「これだけの量ならいいお金になるわ」と、どこか夢見心地。「そのお金でまずは卵を100個買って、ヒナにかえして育てましょう。そうしたら今度は豚を1頭買って育てるの。豚を手放すころには、子牛と牛小屋が買えるでしょう。子牛は小屋で跳ねるにちがいないわ」。女の子はうれしくて、ぴょんと跳ね上がりました。その途端、ミルク壺が頭から落ちて、夢もはかなく消えたのです……。

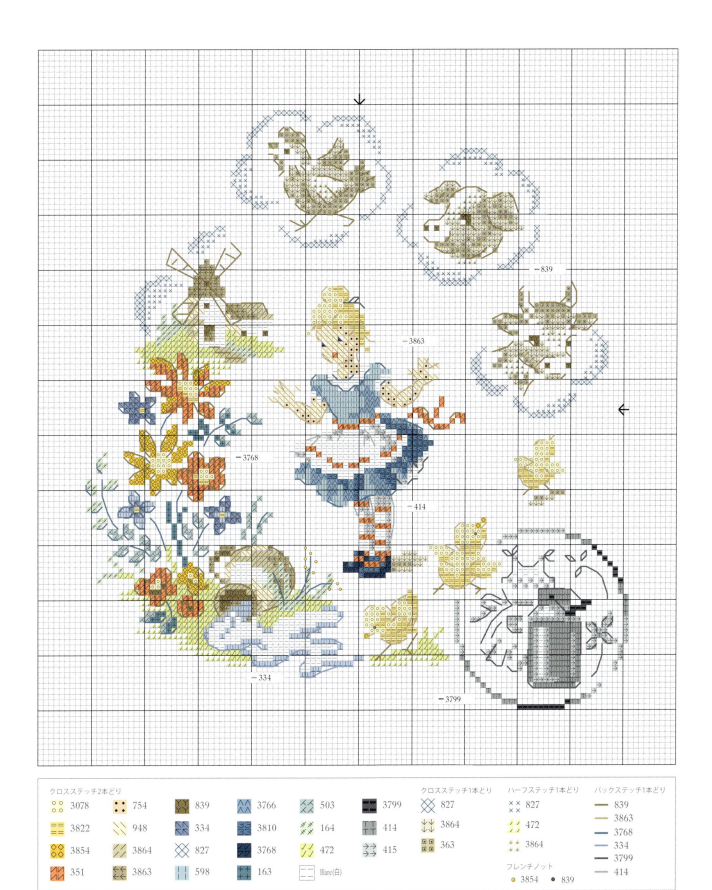

Le Loup et l'Agneau
オオカミと子羊

子羊が、小川の清らかな流れで喉をうるおしていました。そこへオオカミがやってきて、「オレ様の川をよくも汚してくれたな」と、まくし立てました。「僕は下流にいますから、上流にいらっしゃるあなた様のお水を汚すことにはなりません」。おびえきった子羊に向かってオオカミはさらに、「お前は去年、オレの悪口も言っていた」と激しく責めます。「僕は去年、まだ生まれていません」。「ならばお前の兄だろう」。「僕には兄さんはいません」。「ええい、うるさい、お前の身内のだれかに違いない」。そう言うとオオカミは子羊に襲いかかり、子羊はあわれにも食べられてしまいましたとさ。

Le petit Poisson et le Pêcheur

小魚と漁師

川釣りをしていた漁師が、まだ子どもの小さな鯉を釣り上げました。小鯉は漁師に向かって命乞いをします。「こんな小さな僕じゃなんの足しにもなりませんよ。どうか放してもらえませんか？ 僕が大きな鯉になったときに、もう一度あなたに釣られましょう」。漁師は小鯉をカゴに入れながらこう言いました。「お前を放して大きくなるのを待つほど、愚かではないよ。ふたたびお前を釣り上げられるか保証などなにもないのだからね」。

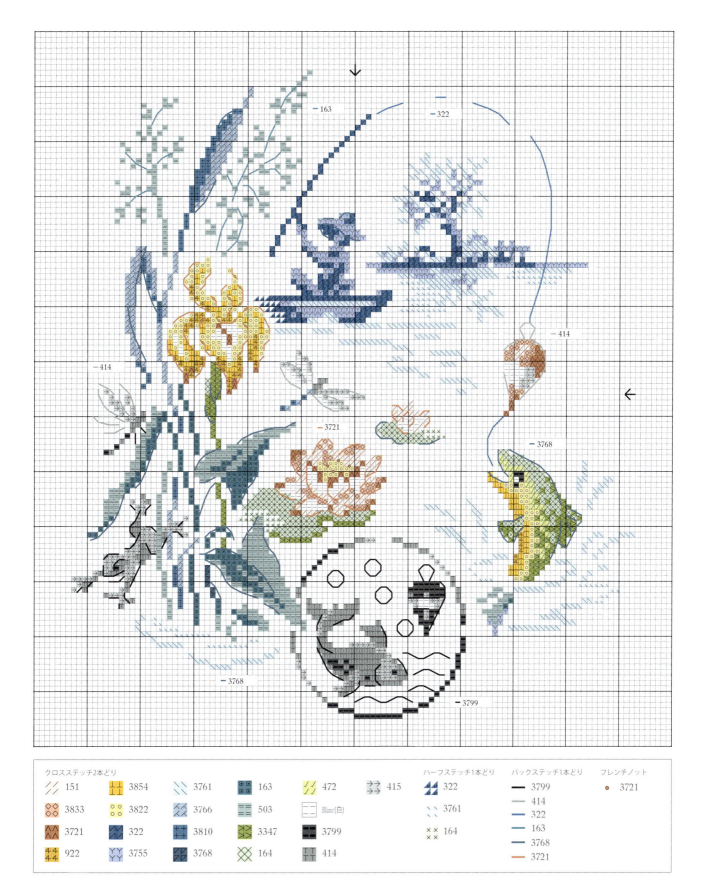

Rat de ville et Rat des champs
都会のねずみと田舎のねずみ

ある日、都会のねずみが田舎のねずみを招待しました。テーブルの上には豪華なご馳走。さあ、宴の始まりです。ところが、途中で居間のほうから人が歩く音や、扉の開く音……。慌てて逃げる都会のねずみとそれを追う田舎のねずみ。やがて人の気配がなくなって、再びテーブルに戻った2匹のねずみ。「早く食べちまおう」と言う都会のねずみに、田舎のねずみは言いました。「明日、うちにおいでなさい。ご馳走じゃないけれど、ゆっくり食べられるから。こんなびくびくしながら食べるなんて、オイラはまっぴらだい」。

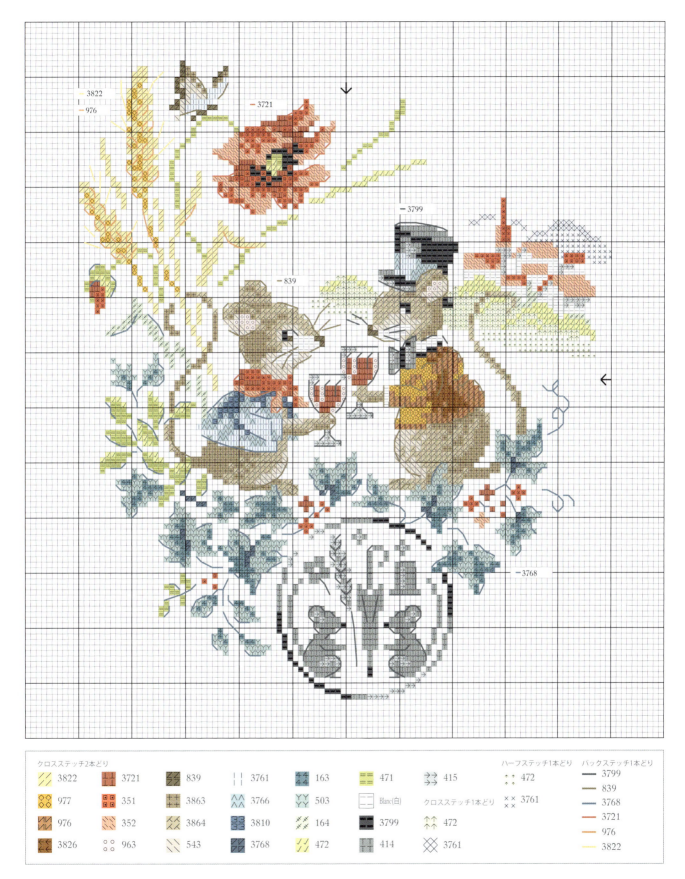

Le Lièvre et la Tortue
ウサギとカメ

どちらが早くゴールにつけるか、ウサギとカメが競争をすることになりました。必死に進むカメを横目に、ウサギはなかなかスタートしようとしません。どのみち4歩もあればゴールにたどり着く。だったら、ギリギリのところでスタートするのがプライドってものとばかり、のんびりご飯を食べたり休んだり。やがてカメがゴール目前に近づいたとき、ウサギはいまだとばかりに走り出しました。ところがときすでに遅し、カメが先にゴールしたのです。「ウサギさん、あんたの自慢の足の速さはなんの役に立ったんだい？ 私は家も背負っていたんですぞ！」。

Les classiques
お気に入りの主人公たち

ラ・フォンテーヌの寓話詩は、フランス人にとっての心の原風景。大人になっても暗唱できるほど。前ページまでのチャートには、丸枠のモチーフが隠れています。このモチーフだけ抜き出して、お気に入りのお話の主人公のバッジやしおり、キーホルダーを作ってみては？

Vide-poches fanions
三角ポケットのタペストリー

「金のタマゴを産むめんどり」「ライオンとねずみ」「キツネとぶどう」「カメと2羽のカモ」「土鍋と鉄鍋」「樫の木と葦」の6つのお話を1枚の作品に。それぞれポケットになっているので、収納アイテムとしてもお利口なタペストリーです。

作り方　P.120

LES CONTES

おとぎ話

グリムやアンデルセン、シャルル・ペローの詩情あふれる童話やおとぎ話は、世界中で読み継がれています。ヨーロッパの風景に憧れたのも、きっとこうしたお話の影響があるのでは。子どものころに慣れ親しんだお話の名場面がモチーフに。おとぎの国にようこそ！さあ、どこまでストーリーを思い出せるかしら？

38

Il était une Fois...
むかしむかし……

子どものころ、絵本を読んでもらったことがあるでしょう。あるいは大人になってから、子どもたちに読んであげた経験があるかも。「むかしむかし、あるところに……」と始まれば、あっという間に空想の世界へ。大好きだった絵本や童話は、大きくなっても覚えているもの。お話の中の登場人物たちは、きっと今でも、あなたのすぐそばにいるはずです。

Rêve ta vie en couleur...
夢見るファンタジー

妖精たちが踊るパステルカラーの世界？ それとも、ドラゴンに立ち向かう勇者の伝説物語？ 魔法の杖をひとふりすれば、ファンタジーの世界が広がります。

La Belle et la Bête
美女と野獣

ある日、商人は仕事の帰りに道に迷ってしまい、大きな館にたどりつきました。そこでは、心づくしのもてなしを受けましたが、不思議なことに館の主は姿を見せません。そんな中、末娘のベルにバラの花を持って帰ろうと、庭先のバラの花を摘もうと枝を折ったとたん、醜い野獣が現れました。「もてなしたのに、私の一番大事なバラを折るとは何事だ。お前の命をよこせ」と野獣は言いました。父の身代わりになったベルは、館に出向きます……。
野獣は心やさしいベルの真実の愛の力で、王子さまに戻ったのでした。

ボーモン婦人の童話集より

47

Blanche-Neige et les Sept Nains
白雪姫と7人のこびと

白雪姫は、雪のように白くて美しいお姫さま。その美しさに嫉妬した継母は、家来に白雪姫を殺すように命じます。ですが不憫におもった家来は、姫を森へ逃してやったのでした。森で7人のこびとの家に迷い込んだ白雪姫は、楽しく平和に暮らします。ところが、おばあさんに化けた継母が、白雪姫に毒りんごを食べさせて殺してしまいました。悲しみに暮れるこびとたち。そこへ王子さまが通りかかり、白雪姫に口づけすると、姫は息を吹き返したのです。

グリム童話より

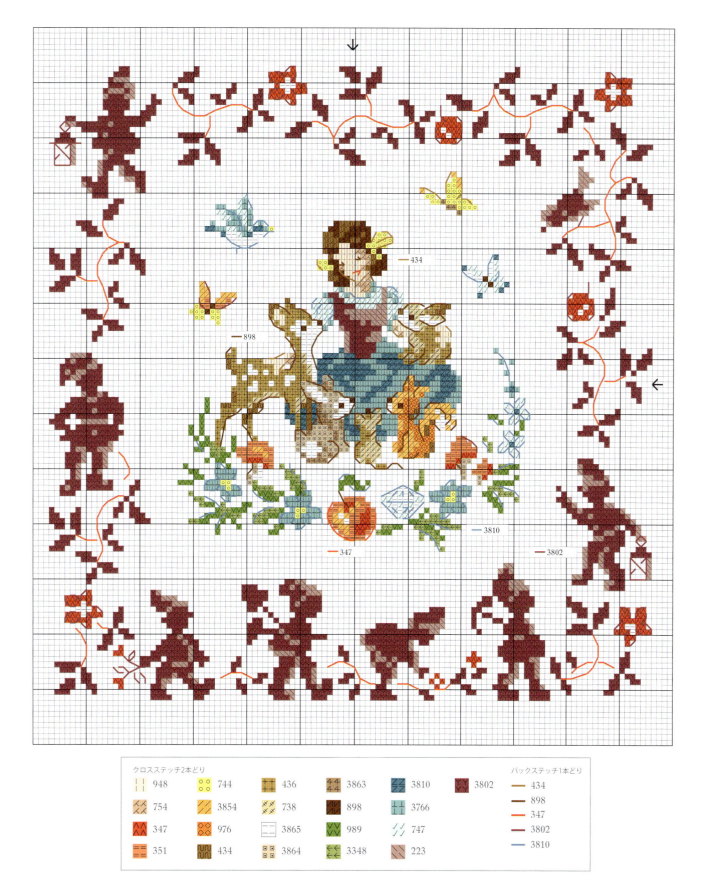

Boucle d'or et les Trois Ours
3びきのくま

森の中で女の子は一軒の家を見つけました。家の中には誰もいなくて、テーブルの上にはスープが入ったお皿が3つ。お腹がぺこぺこだった女の子は、大きなお皿のスープ、中くらいのお皿のスープ、小さなお皿のスープを一口ずつ飲んでみました。小さなお皿のスープが一番おいしかったので、女の子は全部飲んでしまいました。お腹がいっぱいになって眠くなった女の子は、寝室の3つのベッドに寝てみました。大きなベッド、中くらいのベッド、小さなベッドと試してみて、一番寝心地のよかった小さなベッドですっかり眠ってしまいました。するとそこへ、大きなお父さんくまと、中くらいのお母さんくま、小さなこぐまが戻ってきました。そこは3びきのくまの家だったのです。

イギリスの童話より

52

Les princesses
お姫さまに憧れて

女の子なら誰もが夢見るお姫さまたち。布を長いドレスのようにまとってみたり、はじめてのお化粧やアクセサリーも、お姫さまごっこの気分だったのでは？「眠れる森の美女」「雪の女王」「シンデレラ」が一堂に会した作品で、とびきりのプリンセスを夢見て。

Le Petit Chaperon rouge
赤ずきんちゃん

「おばあちゃんのお耳はどうしてこんなに大きいの？」「それはね、お前のお話がよく聞こえるようにだよ」。「おばあちゃんのお目々、どうしてこんなに大きくてぎょろっとしているの？」「それはね、かわいいお前がよく見えるようにだよ」。「おばあちゃんのお口は、どうしてこんなに大きいの？」「それはね……、お前を食べるためだよ」。オオカミはがばっと起き上がり、赤ずきんちゃんを飲み込んでしまいました。しばらくして通りかかった猟師が、眠っているオオカミのお腹を切ると、中から元気な赤ずきんちゃんとおばあちゃんがでてきました。

シャルル・ペローの童話より

作り方 P.122

Le Chat botté
長靴を履いた猫

粉挽き職人には3人の息子がいました。長男には粉挽き小屋、次男にはロバ、三男には猫が遺産として残されました。猫などなんの役にも立ちゃしないと嘆く三男に、猫が言いました。「私に長靴と手袋を用意してください。そうすれば、あなたがもらったものが、そんなに悪いものではなかったと分かっていただけるはずです」。手袋をはめ、長靴をはいた猫は、持ち前の知恵で策略を凝らし、主人である三男を盛り立てていきます。やがて三男は、猫のおかげで城の主にまで上りつめるのです。

シャルル・ペローの童話より

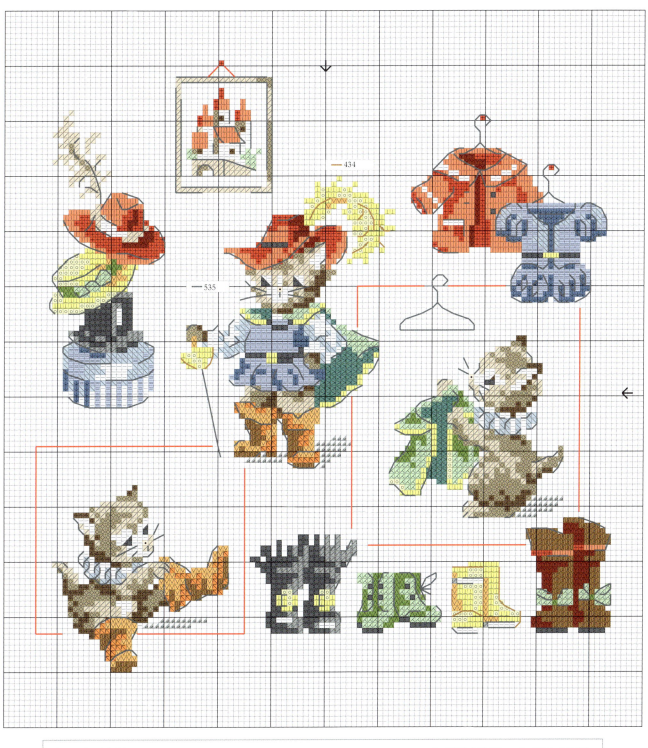
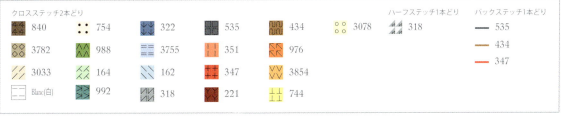

Les Trois Petits Cochons
3びきのこぶた

3匹の兄弟こぶたが、自分の家をつくることになりました。長男のこぶたは藁の家、次男のこぶたは木の家、末っ子のこぶたはレンガの家と、それぞれ思い思いの家を建てました。そこへやってきた大きな悪いオオカミ。藁の家を吹き飛ばすと、長男こぶたをぺろりと食べてしまいました。木の家には体当たりをし、次男こぶたも食べてしまいました。最後のレンガの家も壊そうとしましたが、息を吹きかけても体当たりしてもびくともしません。ならばと煙突から侵入しようとしたオオカミですが、末っ子こぶたは暖炉の鍋にぐらぐらの湯をわかして待ち構えていました……。

イギリスに伝わる昔話より

61

Hänsel et Gretel
ヘンゼルとグレーテル

森で迷子になったヘンゼルとグレーテルの兄妹は、甘い香りのする家にたどり着きました。屋根はチョコレート、壁はビスキュイ、ガラスは氷砂糖、扉はクッキー。その家は、全部お菓子でできていたのです！2人はお腹がぺこぺこだったので、夢中でむしゃむしゃ食べました。ところがそこは、悪い魔女の家でした。魔女は子どもたちを太らせて、おいしく食べてしまうつもりだったのです。朝2人が目を覚ますと、ヘンゼルは鳥かごの中に閉じ込められていました。かまどで焼いて食べてしまおうと支度する魔女を、賢いグレーテルはかまどに突き落とし、兄さんを助けました。そして、魔女の宝石を家に持ち帰り、家族で幸せに暮らしましたとさ。

グリム童話より

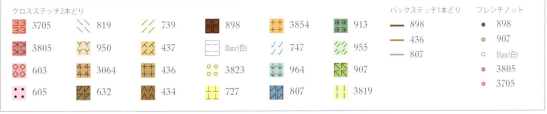

Jack et le Haricot magique
ジャックと豆の木

ある日、ジャックはお母さんの言いつけで牛を売りに市場へ出かけました。でも、途中で出会った男の"魔法の豆"と交換してしまいます。怒ったお母さんは豆を外に投げ捨てましたが、翌日、豆からにょきにょき巨大な木が生えていました。ジャックはその豆の木をのぼり、雲の上の巨人の城にたどり着くと、金の卵を産む雌鶏をこっそり持って帰ります。しばらくして、また巨人の城に忍び込むと、今度は歌う金の堅琴を持ち去ろうとします。ところが、巨人に見つかり後を追われるはめに。慌てて地上に下りたジャックは、豆の木を根本から斧で切り倒しました。すると、豆の木はもとの豆粒に戻り、追ってきた巨人は空から落ちて死んでしまいました。

イギリスに伝わる民話より

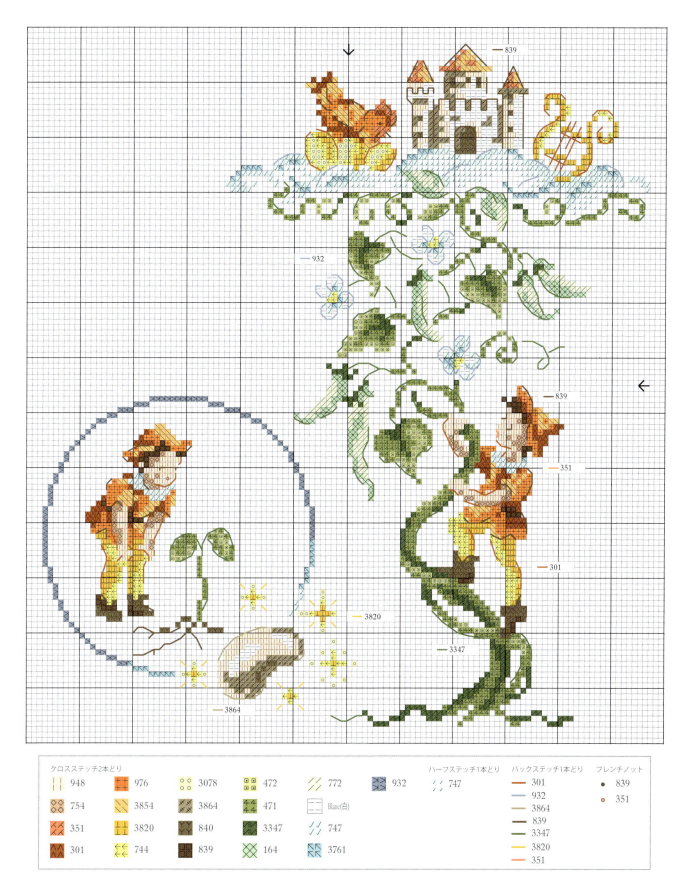

Peau d'âne
ロバと王女

お妃は王様に遺言を残しました。それは、自分と同じくらいの美しさと教養を兼ね備えた女性としか、再婚してはいけないというもの。王様は、その条件に当てはまるのは自分の娘しかいないと、王女との結婚を望むようになります。王女は結婚を諦めさせるため、月の色のドレスと、太陽の色のドレス、空の色のドレスをあつらえるよう王様に頼みます。でも、王様はその難しい要求をかなえてしまいます。さらには、ダイヤの糞をするロバを殺してその皮を王女に贈ります。王女はそのロバの皮をかぶって城を抜け出すと、森の中の小屋でひっそり暮らしはじめました。そんなロバの皮をかぶった娘を見初めた王子さまがいました。王女が指輪を入れて焼いたケーキを王子さまに届けさせると、王子さまは指輪をてがかりに娘を探しまわります……。

シャルル・ペローの童話より

Pierre et le Loup
ピーターと狼

むかしむかし、ピーターという男の子が、おじいさんと一緒に牧場で暮らしていました。ある日、オオカミが森から現れ、小鳥やアヒル、猫たちは大慌て。猫は難を逃れるも、アヒルは食べられてしまいました。ピーターは、仲良しの小鳥と協力して、オオカミを捕まえようと作戦を立てます。見事オオカミを生け捕りにしたピーターのもとに、鉄砲を持った猟師たちがやってきました。猟師たちはオオカミを撃とうとしますが、ピーターは動物園に寄付するから撃たないでとお願いします。さあ、動物園に向かって行進です。オオカミのお腹の中からは、アヒルの「がーがー」という声が響いていました。

セルゲイ・プロコフィエフ作曲の、子どものための音楽作品より

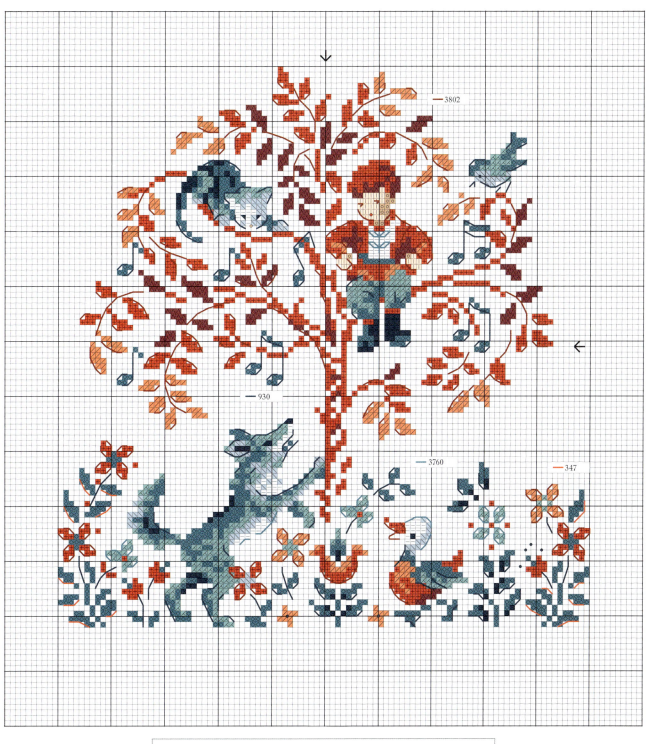

Pinocchio
ピノッキオ

話ができる不思議な丸太を見つけたゼペットじいさんは、その木で人形を作ってピノッキオと名づけました。ところが、ピノッキオは努力が大嫌いで遊びほうけてばかり。いたずら好きで人の言うことも聞きません。おまけに甘い話に弱く、すぐに騙される始末。ある日、巨大なサメに飲み込まれてしまったピノッキオですが、サメのお腹の中にはゼペットじいさんが。ピノッキオはおじいさんを助け、真面目になることを誓います。一生懸命に働いて勉強し、やさしい心の持ち主になったピノッキオは、人間の少年に生まれ変わりました。

カルロ・コッローディ作

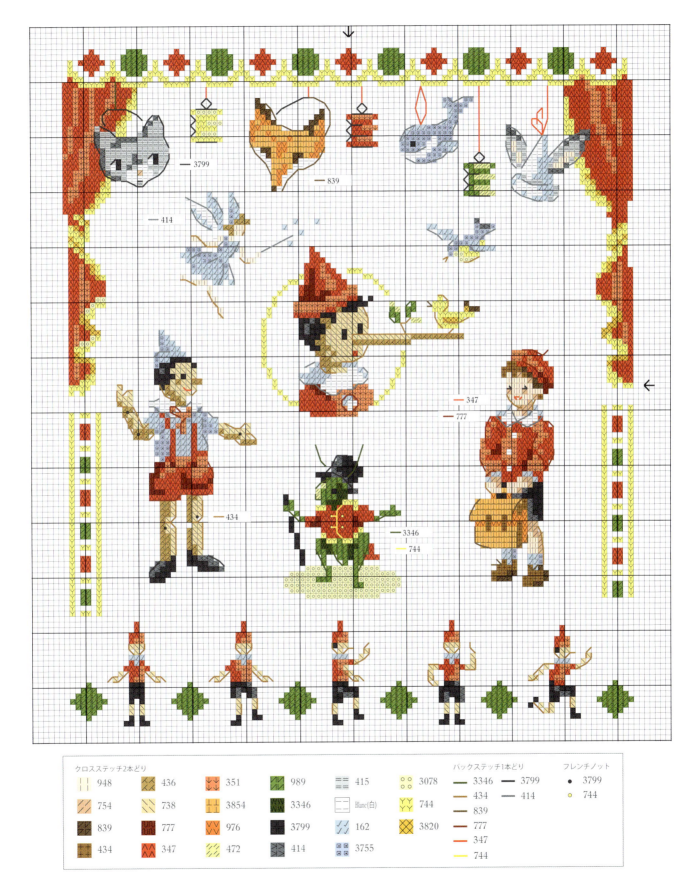

Poucette
親ゆび姫

子どものいない女の人が、子どもが欲しいと魔法使いにお願いをすると、魔法使いは花の種をくれました。種をまくと、きれいな花のつぼみの中から、小さな小さな女の子が現れました。その女の人はその子を「親ゆび姫」と名づけ、たいそう大事に育てました。ところがある日、親ゆび姫はカエルにさらわれてしまいます。カエルのお嫁さんになるのが嫌だった親ゆび姫は、野ねずみのおばさんの家に身を寄せることに。ところが今度は、モグラに見初められ、結婚を申し込まれます。真っ暗な土の中で暮らしたくないと困っている親ゆび姫を、ツバメが南の島へと連れていってくれました。そこで王子さまと出会い、2人は仲良く幸せに暮らしました。

アンデルセン作

Le Petit Poucet
親ゆび小僧

貧しい木こりの夫婦には、7人の子どもがいました。末っ子は親ゆびほどの大きさしかなく、「親ゆび小僧」と呼ばれていました。食べるのに困った夫婦は、子どもたちを森に置き去りにします。ところが、親ゆび小僧は家から森に来るまでの道すがら、白い小石をまいていたのです。その目印のおかげで、子どもたちは家に帰ることができました。がっかりした夫婦は、ふたたび子どもたちを森に捨てにいきます。今度はパンをまいたせいで、夜になるとパンはすっかり鳥に食べられてしまい、帰り道がわからなくなってしまいました。そんな中、人喰い鬼の家にたどり着いた親ゆび小僧。一足で7里を飛べるブーツと宝物をうばい、無事に家にたどり着きました。

シャルル・ペローの童話より

La Princesse au petit pois
えんどう豆の上に寝たお姫さま

"本当の"お姫さまをお嫁さんにしたいと願っている王子がいました。世界中を探しても、なかなか本当のお姫さまは見つかりません。ある嵐の晩に、1人の娘が訪ねてきました。自分こそ本当のお姫さまだと言うのです。王子はベッドの上にえんどう豆を一粒のせ、その上にお布団20枚と、さらに羽根布団20枚を敷きました。そうとは知らず、娘はそのベッドの上で眠ることになりました。翌日、王子が寝心地を聞くと、「お布団の下に何か固いものがあって、まったく眠れなかったわ」と娘は答えました。それを聞いて、王子は、この娘こそ本当のお姫さまだと、お嫁さんにすることにしました。布団を何重にもしたのに、その下にあったえんどう豆に気がつくほど繊細とは、本当のお姫さまに違いありませんから。

アンデルセン作

La Petite Sirène

人魚姫

人魚姫は15歳の誕生日にはじめて海の外に出ることを許されました。そこで船の上の王子さまに一目ぼれ。ある日、王子さまの乗った船が嵐で難破してしまい、人魚姫は王子さまを助けて介抱しました。ところが、人間の前に姿を現してはいけないという掟があるため、自分が助けたことを王子さまに伝えることができません。そこで人魚姫は魔女のもとを訪れ、人間にしてほしいと願います。美しい歌声と引き換えに、人魚姫は人間になりました。晴れて王子さまとお近づきになれた人魚姫ですが、話すことはできないし、足は歩くたびに痛みます。人魚姫が命の恩人だと知らない王子さまは、別の娘との結婚準備を進めます。王子さまが別の娘と結婚すれば、人魚姫は海の泡になって消えてしまいます。助かるには王子さまを短剣で刺すしかないのですが……。

アンデルセン作
作り方　P.126

Casse-noisette
くるみ割り人形

クリスマスのプレゼントにマリーがもらったのは、兵隊さんの恰好をした不細工なくるみ割り人形。その人形に愛しさを感じるマリーでしたが、兄さんに壊されてしまいます。その日の夜中、マリーの体は人形のように小さくなってしまいました。突如現れたねずみの王様が率いる軍隊と、おもちゃの兵隊たちの戦いが始まりました。兵隊たちの指揮を執ったのは、あのくるみ割り人形。おもちゃの兵隊に加勢したマリーは、兵隊たちを勝利に導きます。すると、くるみ割り人形は、すてきな王子さまに変身し、マリーをお菓子の国に連れていってくれました。

E.T.A ホフマン作

Alice au pays des merveilles
ふしぎの国のアリス

「ああ、大変だ。遅刻しちゃう」。あるうららかな昼下がりのこと、白いチョッキを着たウサギが懐中時計を気にしながら、アリスの目の前を急ぎ足で通り過ぎていきました。ウサギを追いかけて穴に飛び込んだアリスは、なんとも不思議な国に迷い込んでしまいます。そこでは体が大きくなったり小さくなったりする薬を飲んだり、トランプの女王に追いかけられたり、笑う猫やおかしな双子に出会ったり、帽子屋さんのお茶会に招かれたり……。夢と幻想がいっぱいの、冒険の物語。

ルイス・キャロル作

作り方　P.124

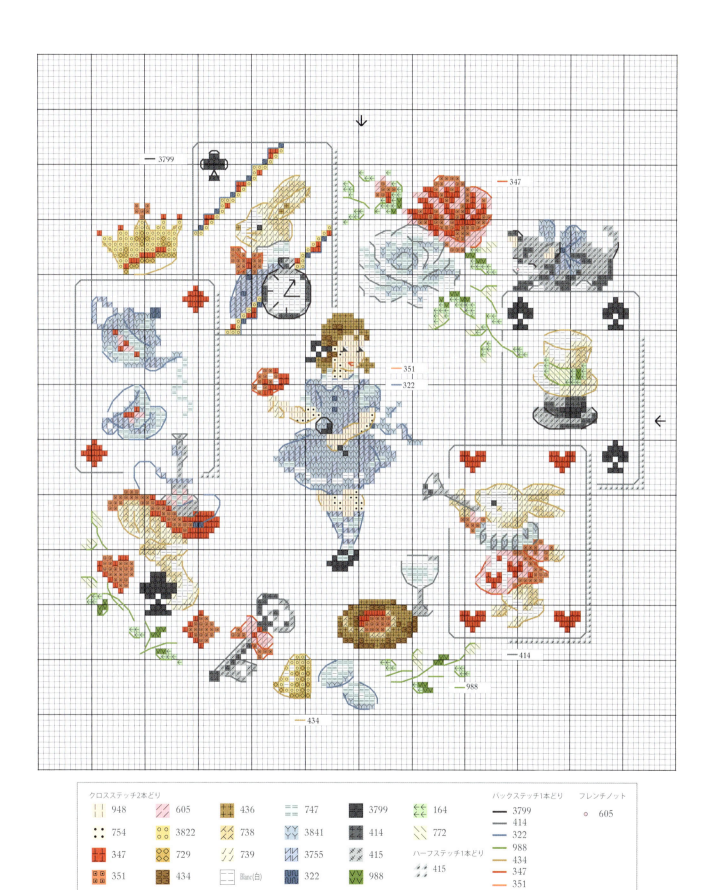

LES COMPTINES

フランスのわらべ歌

わらべ歌や童謡は、いつの時代もどこの国でも、子どもたちの遊びや生活の中で歌い継がれてきたもの。フランスの子どもたちも、簡単なリズムや繰り返しのこうした歌を歌い、言葉に触れていくのです。フランス人なら誰もが知っている歌をモチーフにした刺しゅうをステッチすれば、フレンチのエスプリの原風景が浮かび上がります。

Maman les p'tits bateaux
小さなお船

♪ねえ、ママ　お船は水の上を動いているけど　あんよが生えているの？
そうよ、あんよがなかったら進めないでしょう
お船はずーっと進んで世界を旅するの
それでね、地球は丸いから　いつかお家に戻ってくるの
あなたも大きくなったら　きっと世界に羽ばたくわね
でも、かならず戻ってきて　ママのことを抱きしめてね♪

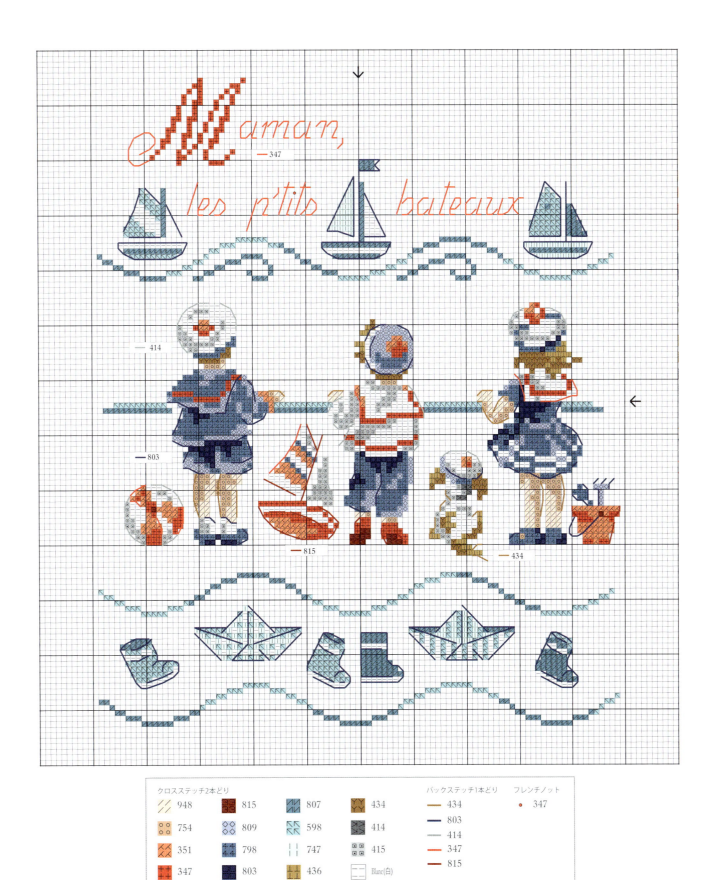

Promenons-nous dans les bois
森へお散歩に行きましょう

♪森へお散歩に行きましょう　オオカミがいないうちに
オオカミがいたら食べられちゃうかもしれないけど
オオカミはいないから　食べられる心配もないよ
「オオカミさん、いるの？　オオカミさん、聞いてる？
オオカミさん、なにしているの？」
シャツを着ているところさ　パンツをはいているところさ
靴下をはいているところさ　上着を着ているところさ
ブーツをはいているところさ　帽子をかぶっているところさ
さあ、鉄砲を持って　これからお前たちを食べにいくぞ♪

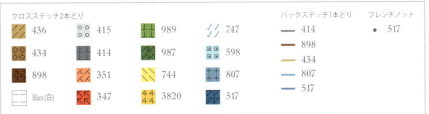

$\mathcal{D}$ansons la capucine
キャプシーヌ
輪踊りを踊ろう

♪輪踊りを踊ろうよ　うちにはパンがないけど　お隣にはパンがあるよ
でも、それは僕たちのパンじゃないから食べられないけどね
輪踊りを踊ろうよ　うちには喜びがあるよ　お隣は泣いてばかりだけど
うちには笑いがあふれているよ♪

もともとは、シャンソン歌手のジャン＝バティスト・クレモン（Jean-Baptiste Clément）が1868年に発表しました。子どもたちが手をつなぎ輪になり、動きながら歌うお遊戯曲です。

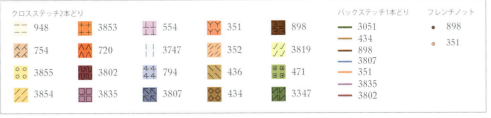

Savez-vous planter les choux ?
キャベツの植え方知っているかい？

♪キャベツの植え方知っているかい？
指で植えるんだよ　うちではこんな風に　足で植えるんだよ　うちではこんな風に
膝で植えるんだよ　うちではこんな風に　肘で植えるんだよ　うちではこんな風に
鼻で植えるんだよ　うちではこんな風に　頭で植えるんだよ　うちではこんな風に♪

この歌の起源は、キャベツが野菜として食べられるようになった中世の時代にまでさかのぼるといいます。体を使いながら歌うお遊戯で、歌詞に出てくる体の部位を地面に近づけてキャベツを植えるマネをしながら歌います。

Fais dodo, Colas mon p'tit frère
ねんねしな、ぼくのかわいい弟

♪ねんねしな、コラ、ぼくのかわいい弟　ねんねしたら　ミルクがあるよ
ママは上で　お菓子を作って　パパは下で　ココアを作ってる
お姉ちゃんは上で　帽子を作って　お兄ちゃんは下で　ヌガーを作ってる
いとこのガストンは　大きなキャンディーを　シャルロットは　コンポートを作ってる
ねんねしな、コラ、ぼくのかわいい弟　ねんねしたら　ミルクがあるよ♪

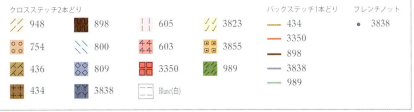

Gentil coquelicot, Mesdames
かわいいひなげし

♪庭へローズマリーを摘みに降り　3本しか摘まないうちに
ナイチンゲールがやってきて　ラテン語で3つのことを言った
男なんてまったく価値がない　若い男はさらにひどいと
女については何も言わず　でも、若い女はすばらしく良いと
かわいいひなげし、奥様　若いかわいいひなげしよ♪

18世紀中ごろに生まれたといわれるフランス民謡です。

À la claire fontaine
澄んだ泉のほとりで

♪澄んだ泉のほとりを散歩していると　とてもきれいな水をみつけたので　水浴びをした
あなたを愛して長いことたつが　あなたを忘れることはないだろう♪

この歌の起源にはさまざまな説がありますが、15〜18世紀に生まれたといわれています。カナダのケベックでは18世紀以降よく歌われ、1837〜1838年に現ケベック州と現オンタリオ州が英国に対して蜂起したとき、この歌が反乱軍の賛歌となりました。

J'aime la galette
大好きなガレット

♪ガレット大好き どんなのか知ってる？ バターたっぷり こんがり焼けたやつよ
ラララ ラララ ラララ ラララ♪

「ガレット」というのはもともと、丸くて平らなものを意味します。ブルターニュ地方の銘菓、バターがたっぷり入ったシンプルなクッキーは「ガレット・ブルトンヌ」。同じくブルターニュ地方の郷土料理で、そば粉を使った塩味のクレープも「ガレット」と呼ばれます。また、「ガレット・デ・ロワ（王様のガレット）」といえば、フランス中で公現祭（エピファニー）（1月6日）に食べる、アーモンドクリーム入りのパイのことです。

Meunier tu dors
粉屋さんおねんね

♪眠ってる　粉屋さん　風車が早く回っているよ　すごい勢いで回っているよ
粉屋さん　来てくださいな　お仕事の時間ですよ　お仕事になりませんよ
眠ってる　粉屋さん　風が吹いているよ　風が強く吹いているよ
風車が早く回っているよ　風車がすごい勢いで回っているよ♪

Il pleut, il pleut, bergère
雨降り、雨降り、羊飼いのお嬢さん

♪雨だよ　雨だよ　羊飼いのお嬢さん　きみの真白な羊を急かしなさい
わたしのかやぶき小屋へ行きましょう　お急ぎなさい　羊飼いのお嬢さん
ほら　嵐が来たよ　稲妻が光っているよ♪

主人公の少年が、嵐を口実に羊飼いの娘を家に招き入れ、やがて2人は恋に落ちるという物語。この歌の歌詞は、喜劇役者のフィリップ・ファーブル・グランティーヌが1780年に書き上げました。もともとは自らのオペレッタ作品のために書いたものです。

Au clair de la lune
月の光に

♪月の光のもと　わが友ピエロよ　ペンを貸しておくれ　手紙を書きたいんだ
ろうそくは消え　火がもうないんだ　だから、どうか扉を開けておくれ
月の光のもと　ピエロは答えた　ペンはないよ　それに僕はもうベッドの中だ
隣の家へ行ってごらん　彼女ならいるはずだ　台所で火打石を打つ音がしたから♪

これは18世紀から伝わるフランス民謡。友達のピエロに断られた主人公は、隣の女性の家にペンを借りに行きます。月の光のもと、彼女の家でペンや明かりを探します。「2人がなにを見つけたのかはわからない　だけど、知っているんだ。2人の後ろで扉が閉まったことを」。若い男女は別のものを見つけたのです……。

Pomme de reinette et pomme d'api
2つのりんご

♪レネットりんごとアピりんご　赤いじゅうたん
レネットりんごとアピりんご　グレーのじゅうたん
げんこつを背中に隠して　でないと、とんかちでゴツンしちゃうよ♪

「レネット」も「アピ」もフランスで一般的なりんごの種類。レネットは黄金色のりんごで、アピは片面が真っ紅な小ぶりのりんごです。この歌は手遊び歌としても知られており、両手をげんこつにしてりんごを作り、歌に合わせてげんこつを交互に重ねてトントンします。

Une poule sur un mur
塀の上のめんどり

♪塀の上のめんどりさん　かたいパンを　ついばんで
　ピコティ　ピコタ
　ちくちく　ちくちく　尾っぽをあげて　行っちゃった
　塀の上のめんどりさん　かたいパンを　ついばんで
　ピコティ　ピコタ
　ちくちく　ちくちく　卵を産んで　行っちゃった♪

1, 2, 3, nous irons au bois
森へ行きましょう

♪1、2、3　森へ行きましょう
　4、5、6　さくらんぼを摘みに
　7、8、9　新しいカゴいっぱいに
　10、11、12　ぜんぶまっ赤っか♪♪

Une souris verte
緑色のねずみ

♪原っぱをかけまわる 緑色のねずみ しっぽをつかんで おじさんにみせたら
「さあ 油でそいつを揚げて お湯でゆでてごらん
ほら 熱々のおいしいエスカルゴになるよ」
緑色のねずみを 引き出しに入れたら 暑すぎると言ったんだ
緑色のねずみを 帽子の中に入れたら 暗すぎると言ったんだ
緑色のねずみを パンツの中に入れたら 3つうんちをしやがった♪

この歌は17世紀の終わりから18世紀の初めに生まれたといわれています。2番以降は「緑色のねずみを クッションにのせたら とってもいいねと言った」というものや、「緑色のねずみを 台所においたら 小麦粉を全部 食べちゃった」とつづくバージョンなどもあります。

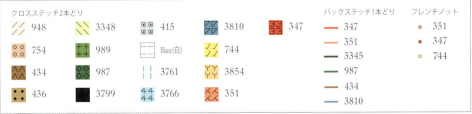

Vide-poches fanions
三角ポケットのタペストリー風小物入れ… Photo P.32-33　Chart P.34-35

材料
- 刺しゅう布　麻布（白　11目／cm）：20×25cm　6枚
- DMCの刺しゅう糸：3078, 3822, 977, 976, 3826, 839, 3863, 3864, 543, ,3761, 3766, 3810, 3768, 163, 503, 472, 471, 3836, 3835, 351, Blanc, 3799, 414, 415
- 表布　黄色　土台布60×60cm1枚, ポケット裏布20×25cm　6枚
- 裏布　プリント生地　70×70cm
- レース　（緑）60cm,（オレンジ）40cm,（黄色）20cm
- バイアステープ（両折18mm）　20cm

出来上がりサイズ
- 57×57cm（吊り部分含まず）

刺しゅうのサイズ
- 最大 約10.5×8.5cm
- 単位はcm

作り方
1. 刺しゅう布6枚はそれぞれに刺しゅうをし、裁断する。（ポケット表布）
2. ポケット表布とポケット裏布を中表に合わせ、A,Dは袋口と右側、C,Eは袋口と左側、Bは袋口で返し口6cmを残して縫う。Fは袋口のみ、縫う。
3. それぞれ縫い代をアイロンで割り、表に返し、形を整える。Bは返し口を閉じる。
4. A,B,Cの3枚、D,Fの2枚を並べ、Fは1枚、口の部分の裏側にそれぞれの色のレースを縫い付ける。
5. 土台布に4を図のようにのせ、A～Fがそれぞれ、ポケットになるよう下側の2辺を縫う。
6. 表布の裏に裏布を外表に合わせる。裏布で縁をくるみ、ミシンで縫う。
7. バイアステープ10cmを紐状に縫い、二つに折って、土台布の上端に縫い止める。

寸法図

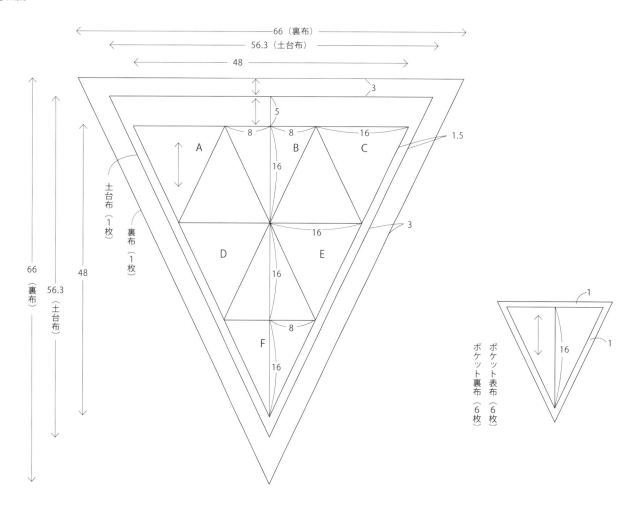

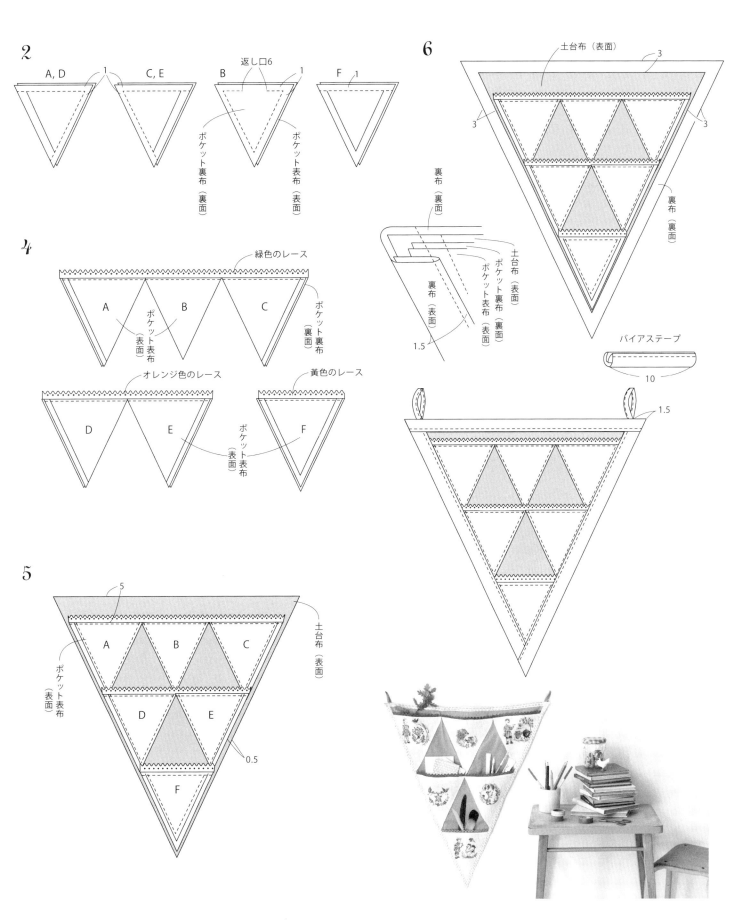

Sac Chaperon rouge
赤ずきんちゃんのポーチ…Photo P.56　Chart P.57

材料
- 刺しゅう布（表布）麻布（白　11目／cm）：45×28cm
- DMCの刺しゅう糸：948, 754, 151, 3688, 3722, 3802, 347, 351, 839, 840, 3864, 3810, 3766, 598, 747, Blanc, 930
- 裏布　プリント地　口布45×18cm　1枚、中袋45×28cm　1枚
- フリルレース　45cm
- バイアステープ　（両折18mm）45cm
- ひも　50cm

出来上がりサイズ
- 縦36×横13.5×奥行8cm

刺しゅうのサイズ
- 約17×19.5cm
- 単位はcm

作り方

1. バイアステープの端をを中表に縫い合わせ、わ(・)に縫い、縫い代を割る。口布の袋口側は三つ折りになるよう折り目を付けておく。
2. 口布を中表に半分に折り、ひも通し口を残して脇を縫う。縫い代を割る。
3. 三つ折り部分を縫う。バイアステープを裏側に縫い付ける。
4. 袋布を中表に合わせて脇を縫い、筒状にする。
5. 中袋も5と同様にする。このとき、返し口になる部分は粗ミシンをかけておく。
6. 4と5の縫い代を割る。中袋は返し口の粗ミシンをほどく。
7. 袋布の縫い目が後ろ中心にくるように折って底の部分を縫う。中袋も同様にする。縫い代を割る。
8. 底の縫い目の両端をつまんで縫い、まちを作る。中袋も同様にする。
9. 袋布の袋上端にフリルレースを付ける。
10. 袋布の中に、口布、中袋と入れて重ね、上端から1cmを縫う。
11. 中袋の返し口から表に返し、形を整え、返し口を閉じる。
12. ひもをひも通し口から通して結ぶ。

寸法図

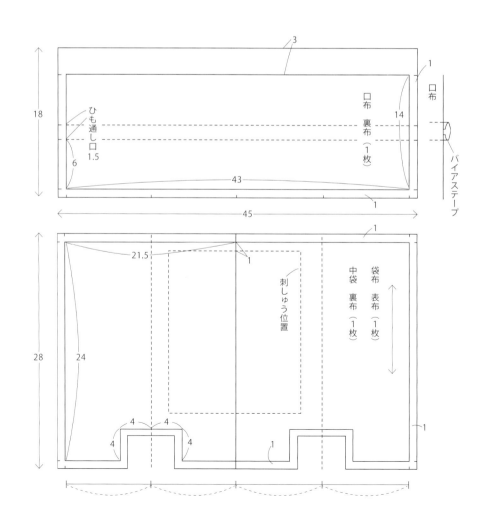

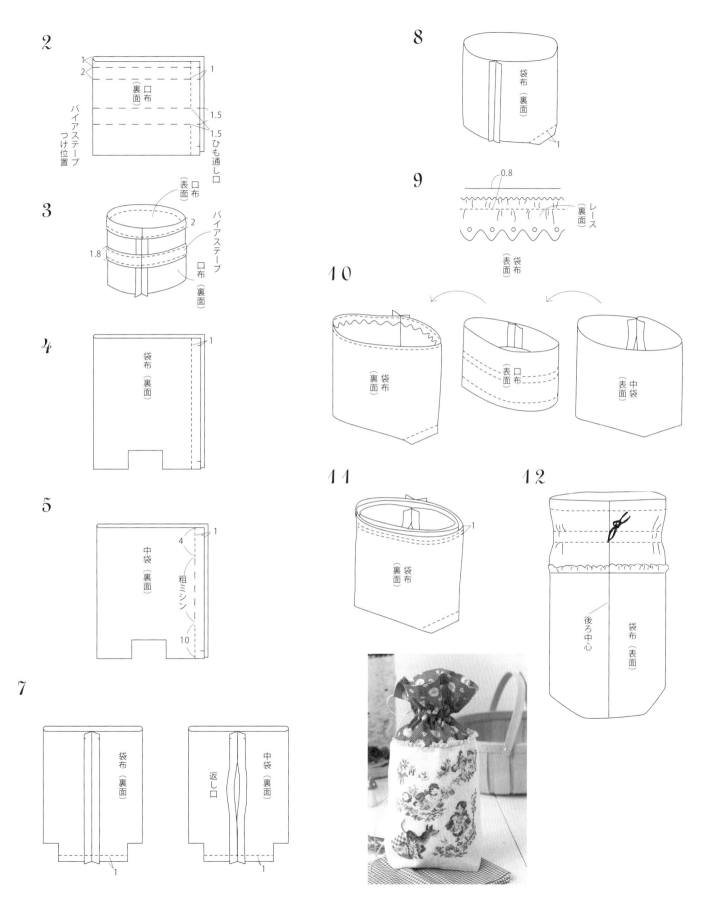

Boîte de rangement Alice
アリスのおもちゃ箱…Photo P.82 Chart P.83

材料
- ●刺しゅう布　麻布（白　11目／cm）：24×24cm
- ●DMCの刺しゅう糸：948, 754, 758, 3827, 977, 435, 3731, 747, 598, 597, 3810, 3849, 993, 964, 164, 210, 155, 809, 535, Blanc
- ●表布　水玉プリント24×24cm　4枚
  （底面1枚と側面3枚分）
- ●裏布　花柄プリント（底面）24×24cm1枚,
  （側面）24×25cm　4枚
- ●接着芯　24×24cm　5枚
- ●リボン　20cm

出来上がりサイズ
- ●24×24×24cm（リボン含まず）

刺しゅうのサイズ
- ●約20×19cm
- ●単位はcm

作り方
1. 刺しゅう布の中心に刺しゅうをする。刺しゅうした布と表布の裏側に接着芯を貼る。
2. 刺しゅう布と底面の表布を中表に縫い合わせる。側面の表布を中表に縫い合わせる。
3. 底面と側面の表布と刺しゅう布を図のように縫い合わせる。裏布も同様にする。
4. 表布と刺しゅう布を箱形に縫い合わせ、縫い代を割る。裏布も同様にする。
5. 表布と刺しゅう布の箱を表に返す。箱の縁を外側に1cm折る。
6. 裏布の箱の縁を外側に1cm、さらに1cm折り、三つ折りにする。
7. 5の箱の内側に6をはめ込み、縁を裏布で図のように折り込み、ミシンで縫う。
8. リボンを10cmに切って二つのリボン結びの飾りを作り、箱の角に縫い付ける。

寸法図

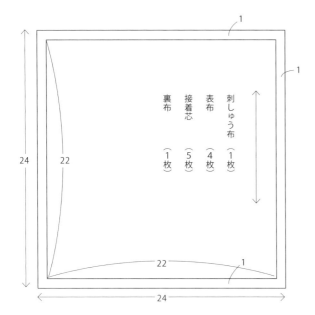

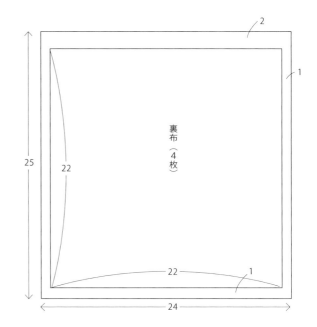

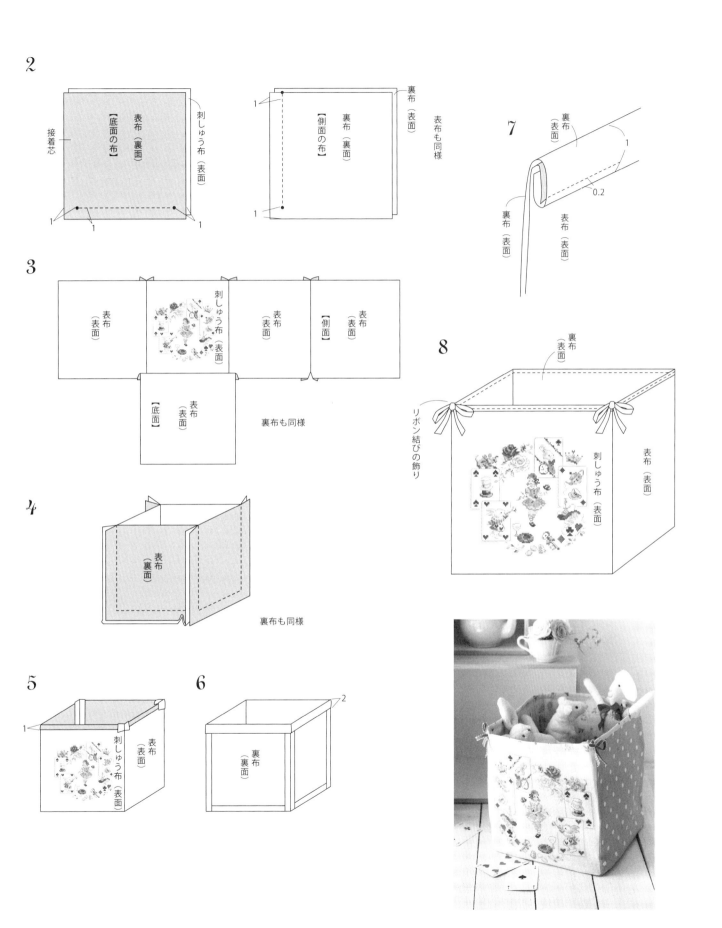

Sac de piscine Sirène
人魚姫のビーチバッグ・・・Photo P.78　Chart P.79

材料
- 刺しゅう布　麻布（白　11目／cm）：20×25cm
- DMCの刺しゅう糸：948, 754, 758, 3827, 977, 435, 3731, 747, 598, 597, 3810, 3849, 993, 964, 164, 210, 155, 809, 535, Blanc
- 表布　ラミネート生地（プリント地）30×60cm
- バイアステープ（または綾テープ）2cm幅　1m20cm
- 山道テープ　50cm
- ボタン　直径1.3cm　1個

出来上がりサイズ
- 23×25cm（持ち手含まず）

刺しゅうのサイズ
- 約15×19cm
- 単位はcm

寸法図

作り方
1. 刺しゅう布に刺しゅうをして丸く切りとる。袋布の前の表側にのせてジグザグミシンで縫い付ける。山道テープをのせて留めつける。山道テープの重なり部分につなぎ目を隠すようにボタンを付ける。
2. 袋の口部分を15cmのバイアステープではさみ、ミシンで縫う。
3. 袋布を中表に合わせて、脇と底を縫い合わせる。表に返す。
4. 残りのバイアステープを縫い合わせ、わにする。一部、袋布の上端を挟みながら持ち手部分を縫う。

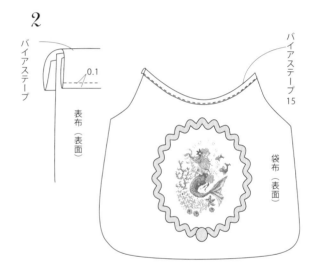

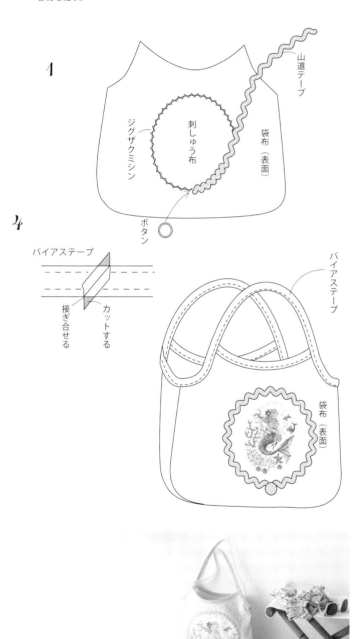

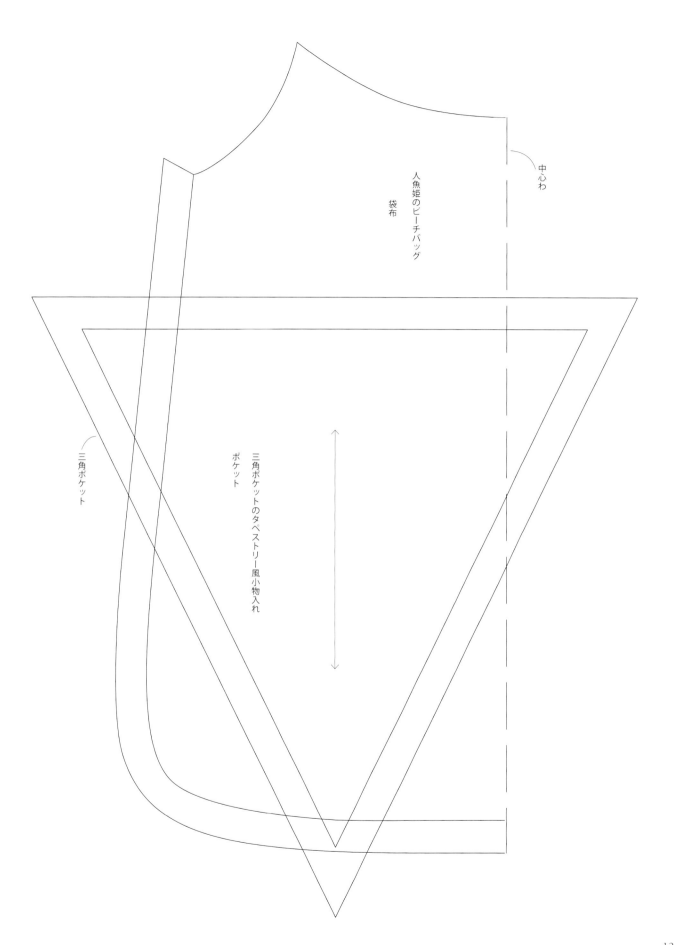

おとぎ話のクロスステッチ from Paris
―― 270点のモチーフで楽しむノスタルジー ――

2017年 5月25日	初版第1刷発行
2017年11月25日	初版第2刷発行
2021年 7月25日	初版第3刷発行
2023年 4月25日	初版第4刷発行

著者	ヴェロニク・アンジャンジェ（Véronique Enginger）
発行者	西川 正伸
発行所	株式会社グラフィック社
	〒102-0073 東京都千代田区九段北1-14-17
	Phone: 03-3263-4318　Fax: 03-3263-5297
	http://www.graphicsha.co.jp
	振替00130-6-114345
印刷製本	図書印刷株式会社

乱丁・落丁本はお取り替えいたします。
本書掲載の図版・文章の無断掲載・借用・複写を禁じます。
本書のコピー、スキャン、デジタル化等の無断複製は著作権法上の例外を除き禁じられています。本書を代行業者等の第三者に依頼してスキャンやデジタル化することは、たとえ個人や家庭内での利用であっても著作権法上認められておりません。

図案の著作権は、著者に帰属します。図案の商業利用はお控えください。あくまでも個人でお楽しみになる範囲で節度あるご利用をお願いします。

ISBN978-4-7661-3025-6 C2077

Japanese text © 2017 Graphic-sha Publishing Co., Ltd.
Process page 120-127 © 2017 Graphic-sha Publishing Co., Ltd.

Printed and bound in Japan

和文版制作スタッフ

翻訳・本文執筆	柴田里芽
作り方執筆、作図（P. 120～127）・チャート校閲	安田由美子
組版・トレース	石岡真一
カバーデザイン	北谷千顕、今村クマ（CRK DESIGN）
編集・制作進行	坂本久美子

材料に関するお問い合わせはこちらへ

ディー・エム・シー株式会社
〒101-0035 東京都千代田区神田紺屋町13番地　山東ビル7F
TEL: 03-5296-7831　FAX: 03-5296-7833

本書に掲載されているクロスステッチの作品写真は、フランス語版原著に基づいています。
一部、チャートと違っている場合もございます。作品写真は、イメージとしてお楽しみください。

本書では「ハーフクロスステッチ」を「ハーフステッチ」と表記しています。